L'HOMME AU MASQUE DE FER

MÉMOIRE

LU

A LA SÉANCE PUBLIQUE DE L'ACADÉMIE DE LA ROCHELLE

Le Samedi 26 mars 1870,

Par M. Edouard LANGERON,

Membre de la Section de littérature,

PROFESSEUR D'HISTOIRE AU LYCÉE IMPÉRIAL.

LA ROCHELLE,
TYPOGRAPHIE DE G. MARESCHAL, RUE DE L'ESCALE, 20.

1870.

L'HOMME
AU MASQUE DE FER.

L'HOMME AU MASQUE DE FER

MÉMOIRE

LU

A LA SÉANCE PUBLIQUE DE L'ACADÉMIE DE LA ROCHELLE

Le Samedi 26 mars 1870,

Par M. Edouard LANGERON,

Membre de la Section de littérature,

PROFESSEUR D'HISTOIRE AU LYCÉE IMPÉRIAL.

LA ROCHELLE,
TYPOGRAPHIE DE G. MARESCHAL, RUE DE L'ESCALE, 20.

1870.

L'HOMME AU MASQUE DE FER.

MÉMOIRE

LU A LA SÉANCE PUBLIQUE DE L'ACADÉMIE DE LA ROCHELLE

Le Samedi 26 mars 1870.

> La difficulté de réussir ne fait qu'ajouter
> à la nécessité d'entreprendre.
> BEAUMARCHAIS.

Le mardi 20 novembre 1703, à la nuit tombante, quatre hommes, portant un cercueil et suivis de deux agents du lieutenant de police La Reynie, franchissaient le pont-levis de la Bastille et s'acheminaient vers l'église Saint-Paul. La cérémonie religieuse fut courte et navrante. Quelques prières récitées par un prêtre inconnu ; autour de la fosse, pas un parent, pas un ami du mort ; nulle douleur éclatante, nuls regrets contenus ; mais l'isolement, l'indifférence et l'oubli. Sur le registre de la paroisse, on inscrivit un nom, un seul : *Marchialy*. Puis, la besogne terminée, les six hommes reprirent silencieusement le chemin de la prison ; le pont-levis s'abaissa de nouveau, la porte de la Bertaudière cria une seconde fois sur ses gonds, et tout rentra dans le repos.

Le soir, le porte-clefs Dujonca consignait cette note dans son journal, avec cette orthographe qui lui est particulière ;

« Du mesme jour lundi 19ᵉ de novembre 1703.
» — Le prisonnier inconeu masqué d'un masque
» de velours noir que M. de Sᵗ-Mars gouverneur a
» a mené avecque luy en venant des illes Sᵗ-Mar-
» guerite qu'il gardet depuis longtamps, lequel
» s'étant trouve hier un peu mal en sortant de la
» messe il est mort lejourdhui sur les dix hures
» du soir sans avoir eu unne grende maladie il
» ne se put pas moins, M. Giraut nottre homonier
» le confessa hier surpris de sa mort il na point
» reseu les sacremens et notre homonier la exorte
» un momant avend que de mourir et se prison-
» nier inconeu garde depuis si longtamps a este
» entéré le mardy à quatre hures de la pres-midy
» 20ᵉ novembre dans le semetière Sᵗ-Paul nottre
» paroisse.

Et plus bas, en note :

« Je appris depuis qu'on l'avet nome sur le re-
» gistre M. de Marchiel. (1) »

Cependant cet enterrement, presque clandestin et qui semblait devoir passer inaperçu, avait laissé dans l'imagination populaire une trace ineffaçable. Quel était ce prisonnier mystérieux que la police ombrageuse de Louis XIV avait cherché avant sa mort à rayer du nombre des vivants? Quel crime avait-il commis? Quel intérêt puissant avait donc le grand roi, je ne dis pas à enfermer cet homme, mais à cacher à tous son visage et son nom? Tel est le problème que, depuis cette époque, tous les historiens ont essayé de résoudre, et dont, en dépit de recherches persévérantes et assidues, nul n'a pu pénétrer jusqu'ici le redoutable secret. Les uns ont voulu reconnaître dans cet infortuné un fils d'Anne d'Autriche et de Buckingham ; et ils ont expliqué l'emprisonnement de l'*Homme au masque de fer* par la nécessité d'ensevelir à tout jamais les faiblesses d'une reine de France. Les autres ont cru à l'existence d'un frère jumeau de Louis XIV ; et, pour faire passer cette hypothèse, ils ont allégué la raison d'Etat. D'autres enfin ont

---

(1) Estat de prisonnies qui sortet de la Bastille à com-
menser du bonsiesme mois d'octobre que je suis entre en possession en l'année 1690. — Folio 80, verso. Archives de la bibliothèque de l'Arsenal.

affirmé qu'il s'agissait du surintendant Fouquet, dont la mort en 1680 ne paraissait pas suffisamment prouvée. Mais, comme aucun de ces systèmes n'a pu tenir devant la critique historique, on a fait vingt autres suppositions plus ou moins vraisemblables ; on a successivement cité le comte de Vermandois, le duc de Beaufort, le patriarche Avedick, le duc de Lauzun, etc., sans qu'on soit parvenu à dissiper les ténèbres qui environnent encore ce personnage légendaire. Si bien que les grands historiens de ce siècle, MM. Michelet et Henri Martin, ont déclaré tous les deux que ce problème était certainement destiné à rester toujours insoluble (1).

Mais voilà qu'un jeune écrivain, M. Marius Topin, vient aujourd'hui réveiller cette question assoupie et proposer une solution nouvelle. Son ouvrage, rempli de faits et de preuves, a jeté tout-à-coup sur cette ténébreuse affaire une lumière étrange. Et l'on sent, en le lisant, que, si l'auteur n'a pas trouvé le mot véritable de cette énigme, il est du moins sur la trace.

Prenons donc ce livre ; il mérite d'être lu et il vaut la peine d'être discuté. Les textes y sont nets et précis, et l'argumentation est nerveuse et serrée.

---

(1) Michelet, Hist. de France, t. XII, p. 435.
Henri Martin, id., t. XIV, p. 564.

Si l'on n'en accepte point les conclusions, on aura, soyons-en sûrs, beaucoup de peine à les combattre.

Mais d'abord, il est indispensable de se tracer un ordre et de suivre un plan. Nous allons donc premièrement résumer l'histoire du *Masque de fer* d'après M. Topin ; puis nous examinerons ses textes, nous pèserons ses témoignages et nous essaierons de conclure.

I.

Reportons-nous par la pensée à l'année 1677. La guerre de Hollande touchait à sa fin ; et, quoique la paix de Nimègue ne fût point encore signée, les batailles de Cassel et de Koscherberg faisaient déjà prévoir un dénoûment prochain. Louis XIV, abandonnant peu à peu la politique séculaire de Richelieu et de Mazarin, s'était, depuis longtemps, livré au génie turbulent de l'impétueux Louvois. Au lieu d'étendre ses conquêtes vers le Nord et vers l'Est afin de protéger sa capitale, au lieu d'opposer ses forces compactes à l'ambition toujours menaçante de la maison d'Autriche, le grand roi semblait vouloir reprendre les dangereux projets de Charles VIII et de Louis XII, et songeait à acquérir en Italie une prépondérance jugée nécessaire quand s'ouvrirait la succession d'Espagne. Ce n'était pas qu'il eût fermement desscin de s'emparer de la péninsule ; mais il voulait, dans le cas facile à prévoir d'une lutte européenne, tenir dans sa main cette nation turbulente qui pouvait, dans un temps donné, faire obstacle à ses projets. Déjà, depuis la paix de Westphalie, il possédait Pignerol, citadelle imprenable, qui dominait le Piémont et menaçait l'Italie. Mais il voulait plus encore. Il fallait qu'il fût maître de la route du Milanais, afin de surveiller la république de Venise et le gouvernement espagnol qui siégeait à Milan. Il pensa donc que l'occupation de Casal, place forte située sur le Pô, à quinze lieues de Turin, pourrait devenir, en temps utile, un point d'appui formidable et tenir en respect cette orgueilleuse maison de Savoie, dont l'alliance ne semblait pas solide.

Casal était alors le chef-lieu du marquisat de Montferrat, fief héréditaire, jadis possédé par les Romains, les Goths et les Lombards, longtemps réclamé par les ducs de Savoie, conquis plus tard par Charles-Emmanuel et finalement annexé au duché de Mantoue.

La possession de cette place n'était pas pour un prince italien d'un intérêt bien puissant. Mais, entre les mains d'un roi de France, elle acquérait véritablement une importance extraordinaire. Aussi Louis XIV ne pouvait songer à y pénétrer en maître, à moins de soulever aussitôt les récriminations des puissances et de braver les menaces d'une nouvelle coalition. L'emploi de la force lui étant donc interdit par la prudence, il eut recours à la ruse ; et dans le courant de l'année 1676 il commença à nouer sourdement cette intrigue qui avait pour but de mettre dans sa main les clefs de la citadelle de Casal.

L'intermédiaire officiel de cette conspiration diplomatique fut l'abbé d'Estrades, ambassadeur du roi auprès de la république de Venise. Homme ambitieux et habile, fort impatient de sa position effacée, ne cherchant qu'une occasion d'attirer sur lui les regards du maître, peu scrupuleux du reste, et songeant moins à la grandeur de la France qu'à sa propre fortune, l'abbé d'Estrades était bien l'homme le mieux fait pour conduire une pareille affaire et certainement le plus apte à la faire réussir. Il avait en outre l'avantage immense de bien connaître la cour de Mantoue, d'avoir avec tous les hommes marquants du pays des relations courtoises, et de flatter habilement les penchants du jeune Charles IV de Gonzague dont il fallait d'abord obtenir l'assentiment ou payer la connivence.

A peine informé des projets de Louis XIV, d'Estrades se mit en campagne, et, en homme qui s'y connaît, il prit soin tout d'abord de trouver un complice.

Il y avait alors à la cour de Charles IV un personnage influent, doué de tous les vices les plus propres à lui venir en aide. Ercole-Antonio Matthioly, comte et sénateur de Mantoue, issu d'une noble et ancienne famille de Bologne, vivait depuis quelques années dans le duché mantouan. Ses succès dans les écoles de la Haute-Italie lui avaient fait à dix-neuf ans une réputation précoce de savoir et d'esprit, dont il se proposait bien un jour de tirer un brillant parti. Car Matthioly, comme d'Estrades, était atteint de cette lèpre morale, mille fois plus pernicieuse qu'une maladie véritable, et qu'on appelle l'ambition. Non cette ambition légitime qui ne cherche le succès que par des voies honnêtes ; mais cette ambition funeste qui veut toucher le but sans mériter le prix ; qui ne recule ni devant une bassesse, ni devant un crime, et qui se fait un jeu de provoquer l'éclat de la foudre et de violer la nature.

La perspicacité du jeune Bolonais, son intelligence prompte des affaires et surtout la nature rampante de son caractère lui avaient bien vite concilié la faveur de Charles III de Gonzague, duc de Mantoue, qui l'avait élevé au rang de secrétaire d'Etat et qui lui marqua pendant toute sa vie la plus entière confiance. Matthioly avait profité de cette amitié illustre pour se créer dans le duché une position exceptionnelle et inexpugnable. A la mort de son protecteur, il fit si bien qu'il s'empara tout-à-fait de l'esprit de Charles IV, et parvint à dominer le fils comme il avait dominé le père. Cependant, malgré la déférence du nouveau duc pour son favori, on sentait bien que Matthioly n'était pas encore parvenu au but final de ses désirs. Il aspirait en secret à prendre au maniement des affaires une part plus importante et plus directe. Ce qu'il fallait à cette âme ambitieuse, ce n'était pas seulement l'amitié d'un prince, mais l'exercice du pouvoir. Il gémissait d'avoir misérablement végété dans les tourments d'une jeunesse obscure. Dévoré d'orgueil, aigri par vingt années de désirs inassouvis, Matthioly se sentait prêt à tout tenter pour sortir de cette impasse et pour réaliser le rêve ambitieux qu'il avait si longtemps caressé.

Le caractère léger de son nouveau maître, l'ardeur imprudente de son libertinage, ses embarras financiers lui avaient semblé d'abord une mine d'or à exploiter ; et, convaincu qu'on s'attache plus fortement les grands en flattant leurs penchants qu'en blâmant leur conduite, il se gardait bien de sermonner le jeune duc et n'aspirait au contraire qu'à favoriser ses débauches. Charles IV, en effet, ne résidait guère dans son duché. Emporté par l'exubérance de la jeunesse et la fougue de son tempérament, il passait à Venise la meilleure partie de son temps, dissipant dans une vie oisive et dissolue son intelligence, son patrimoine et sa santé.

L'abbé d'Estrades comprit bien vite quel parti il pourrait tirer d'une situation si favorable. D'un côté, un prince irréfléchi, qui avait toujours besoin d'argent ; de l'autre, un ministre ambitieux qui voulait à tout prix parvenir ; rien n'était plus facile que de combiner un plan et d'atteindre le but. D'Estrades n'hésita point. Il marcha droit à Matthioly. Tous deux, fourbes et besogneux, avaient un égal intérêt à capter la faveur de leur maître ; ils ne pouvaient manquer de se comprendre. En effet, l'ambassadeur du roi et le favori du prince furent bientôt pleinement d'accord ; le marché honteux fut discuté et conclu : le comte promit de livrer Casal à Louis XIV, l'abbé promit de compter cent mille écus à Charles IV (1).

Il ne restait plus qu'à rédiger l'acte de cession et à le faire agréer au duc de Mantoue. A cet effet, Matthioly se rendit à Paris ; le 6 décembre 1678, le traité fut signé par M. de Pomponne, ministre des relations extérieures, et l'aventurier bolonais revint à Mantoue, comblé des présents du grand roi, et chargé de préparer l'échange des ratifications.

Pendant ce temps-là, le marquis de Boufflers, colonel-général des dragons, concentrait à Briançon des troupes nombreuses et aguerries, et Catinat, brigadier d'infanterie, se dirigeait dans le plus grand secret vers la citadelle de Pignerol, dont le

(1) Archives des aff. étr. — Mantoue.

capitaine de Saint-Mars avait alors le commandement.

Tout était donc prêt pour l'occupation de Casal ; il ne restait, avant d'y pénétrer, qu'à recevoir des mains de Matthioly les pièces originales du traité qu'on avait signé.

Mais voilà qu'au milieu du mois de février 1679, la cour de Versailles apprend subitement par la régente de Savoie que ses projets sont ébruités ; que Matthioly a révélé le but secret de sa mission aux cours de Turin, de Madrid et de Vienne, au gouvernement espagnol du Milanais et aux inquisiteurs d'Etat de la république de Venise. Grande fut la stupéfaction de Louis XIV ! Il ne s'attendait guère à une telle fourberie dont les mobiles sont restés pour tous un mystère impénétrable. Mais, soit que l'agent mantouan ait été payé par les ennemis du roi de France, soit qu'il ait cédé aux remords d'avoir vendu son pays, toujours est-il qu'il avait réellement divulgué le traité dont il était porteur et dénoncé aux puissances les projets ambitieux de Louis XIV.

L'échec du grand roi retombait lourdement sur l'abbé d'Estrades. Il pensait avoir fait sa réputation de diplomate avisé, et il avait été le jouet d'un intrigant vulgaire. Il avait cru rendre à son maître un de ces services signalés qu'on ne saurait payer trop cher, et il l'avait placé dans une position ridicule qu'on ne peut accepter sans rougir. Aussi la première pensée de d'Estrades fut-elle de réparer son erreur et de venger sa défaite. Enflammé de colère, il écrivit sur-le-champ à M. de Pomponne pour lui dénoncer la perfidie du comte Matthioly, et il lui proposa nettement d'infliger à ce fourbe un châtiment exemplaire (8 avril 1679). Pomponne refusa tout d'abord. Mais, bientôt ravisé, il approuva au nom de Louis XIV le plan de l'ambassadeur ; il autorisa l'arrestation de Matthioly, à la condition toutefois qu'on éviterait avec soin tout éclat. Et il termina sa dépêche par cette phrase sinistre : « *Il faudra que personne ne sçache ce que cet homme sera devenu.* » (28 avril 1679.)

Attiré dans un piége, Matthioly fut vivement appréhendé par les hommes de Catinat et conduit dans le plus grand mystère à la citadelle de Pignerol. Là il fut interrogé et fouillé ; on réclama de lui tous les papiers relatifs à l'affaire de Casal ; les menaces de torture et de mort lui arrachèrent le secret qu'il voulait garder ; et le traité de cession, retrouvé à Padoue et renvoyé à Versailles, permit à Louis XIV de démentir les démarches qu'il avait tentées et l'humiliation qu'il avait subie.

Bientôt le bruit se répandit en Italie que Matthioly avait péri victime d'un accident de voyage. Pas une voix ne protesta contre cette nouvelle, d'ailleurs très-vraisemblable. On l'accueillit sans surprise, on la propagea sans soupçon. Charles IV ne s'informa du sort de son favori que pour s'assurer qu'il ne verrait jamais reparaître ce témoin de sa félonie. La famille de Matthioly disparut du duché mantouan ; son vieux père le pleura ; et sa femme, veuve inconsolable d'un époux qui n'était pas mort, alla terminer dans l'obscurité d'un cloître son existence brisée.

II.

Vous voyez là-bas, au fond des sombres corridors du donjon de Pignerol, cet homme à la figure amaigrie, au front soucieux et penché, à la taille courbée, aux regards inquiets ? Il se glisse plutôt qu'il ne marche ; il rampe le long des murs comme quelqu'un qui se dérobe ; de loin, il a l'air d'une ombre ; de près, quand il applique son œil de lynx sur le judas des cellules, on dirait la statue du Soupçon taillée par le ciseau de Phidias.

Cet homme, c'est Bénigne d'Auvergne, seigneur de Saint-Mars, capitaine de la citadelle de Pignerol.

A trente-quatre ans, en 1661, il n'était encore qu'un obscur brigadier dans la compagnie de d'Artagnan. Une circonstance exceptionnelle vint mettre soudain en lumière ses talents méconnus. Pendant que d'Artagnan procédait à l'arrestation de Fouquet à Nantes, Saint-Mars était chargé d'appréhender Pellisson et de le conduire à Angers. Il remplit cette mission délicate avec une dextérité peu commune. Dès lors il avait conquis la faveur de ses chefs ; et trois ans plus tard il était gouverneur d'une prison d'Etat. Le rêve de sa vie !

Louis XIV a raison de se fier à cet homme de bronze. Rien ne pourra le séduire. Il est né geôlier comme Virgile est né poète. C'en est le type le plus accompli qui fut jamais. Méfiance et discrétion, il est là tout entier. Son esprit est étroit. Quatre idées seulement ; mais quatre idées fixes, immuables, éternelles : hauteur des murailles, largeur des fossés, solidité des verroux, vigilance des guetteurs. Sa vie n'a qu'un but : surveiller son prisonnier. Il y pense le jour, il en rêve la nuit. Pour lui, tout est prétexte à défiance. Il s'inquiète comme les autres hommes respirent. Si son prisonnier est grave, c'est qu'il médite un plan. S'il est gai, c'est qu'il a de l'espoir. S'il est triste, c'est qu'il attend un sauveur. Vingt fois par jour Saint-Mars visite les casemates, interroge les gardiens, écoute aux portes et fait la ronde. Le moindre objet dérangé lui semble aussitôt un signal ; si au contraire tout est en ordre, cette régularité lui paraît étrange. Tous les mois il fait dresser la liste des voyageurs qui traversent la ville. Et malheur à celui sur qui plane un indice ! Si faible qu'il soit, cet indice suffira pour éveiller la défiance et justifier les rigueurs. Saint-Mars surveille sa prison comme un amant épie sa maîtresse. Il la couve d'un œil ombrageux et jaloux et n'admet pas qu'on la regarde sans qu'on soit animé d'une pensée coupable.

Aussi, bien caché est l'homme que l'on commet à sa garde ! Bien avisé est celui qui tromperait sa vigilance ! Et à l'entrée du donjon commandé par ce sombre soldat on pourrait inscrire, comme sur les portes de l'Enfer : *Ici on laisse l'espérance !*

Tel est l'homme qui commandait à Pignerol, lorsque Catinat y conduisit Matthioly. Aujourd'hui il n'en existe plus de semblable ; la nature avare en a brisé le moule.

Ce fut le 5 mai 1679 que l'infortuné ministre du duc de Mantoue pénétra dans sa prison, j'allais dire dans son tombeau. Sur le registre d'écrou, on lui donna le nom de *sieur de Lestang*. Une lettre de Catinat à Louvois en fait foi. Depuis, quelle a été sa vie ? Quelles pensées ont agité cet homme ambitieux qui avait rêvé le pouvoir et qui se réveilla un jour entre les quatre murs d'une tour humide ? Un seul homme a été témoin de sa lente agonie : Saint-Mars ; mais Saint-Mars est muet comme la tombe. Dans les dépêches qu'il adresse à Louvois, à peine peut-on deviner sur un tronçon de phrase et un lambeau d'idée les terribles souffrances du condamné. Matthioly n'a pas d'histoire.

On sait seulement, par une lettre de Louvois, du

16 août 1680, que Saint-Mars a été autorisé à donner au sieur de Lestang un compagnon de chaîne ; et, le 7 septembre suivant, le gouverneur de Pignerol annonce que Matthioly a été, selon les prescriptions du ministre, enfermé avec un moine jacobin dans la tour dite *d'en bas*.

Plus tard, le 12 mai 1681, Louvois mande à Saint-Mars que le roi l'a appelé au gouvernement du château d'Exiles ; il lui prescrit de s'y rendre au plus vite et d'y conduire avec lui les deux prisonniers de la *tour d'en bas*. On en avait d'abord conclu que Matthioly, l'un des prisonniers de la *tour d'en bas*, avait dû suivre son redoutable gardien à Exiles. Mais une dépêche, adressée par Saint-Mars à d'Estrades le 25 juin 1681, nous apprend au contraire que le comte n'a pas quitté Pignerol. « J'ai reçu hier, dit Saint-Mars, mes
» provisions de gouverneur d'Exiles.............
» J'aurai en garde deux merles que j'ai ici, lesquels
» n'ont point d'autres noms que Messieurs de
» la tour d'en bas ; Matthioly restera ici avec
» deux autres prisonniers. Un de mes lieutenants,
» nommé Villebois, les gardera. »

Cette lettre est fort claire. Elle prouve jusqu'à l'évidence que Matthioly, d'abord enfermé dans la tour d'en bas avec un moine jacobin, a dû en être extrait à une époque inconnue pour céder la place à un autre prisonnier. En effet, on ne peut constater nulle part la présence du ministre mantouan à

Exiles, et au contraire les dépêches adressées aux deux successeurs de Saint-Mars démontrent que Matthioly est bien réellement resté à Pignerol. « J'ai vu, écrit Louvois à Villebois le 1er mai 1684, » l'emportement qu'a eu le valet du sieur Mat-» thioly... » — « Vous n'avez qu'à brûler, dit » Barbézieux à Laprade le 27 décembre 1693, ce » qui vous reste des petits morceaux des poches » sur lesquelles le nommé Matthioly et son homme » ont escrit, et que vous avez trouvés dans la dou-» blure de leurs justaucorps où ils les avaient » cachés. »

Ainsi donc Matthioly n'a pas suivi Saint-Mars à Exiles; il est resté à Pignerol sous la garde de Villebois d'abord, et ensuite de Laprade. La vigilance dont il était l'objet au début de sa détention n'a pas un seul instant cessé. On l'épie toujours avec un soin scrupuleux; et les lignes que nous venons de citer, d'après M. Topin, laissent entrevoir à quel point le prisonnier avait soif de tromper la surveillance des gardiens et de faire connaître à tous son effroyable destinée.

Cependant Saint-Mars n'avait pu supporter le climat rigoureux du fort d'Exiles. Sa santé était ébranlée, et, sur ses instances réitérées, le roi lui donna, le 20 janvier 1687, le gouvernement des îles Saint-Honorat et Sainte-Marguerite, situées dans la mer de Provence, et connues aussi sous le nom d'îles de Lérins. Il y était depuis sept ans déjà, lorsque le 26 février 1694, Barbézieux l'informe que trois prisonniers d'Etat, extraits du donjon de Pignerol, vont arriver aux îles Sainte-Marguerite. Il lui prescrit en outre de prendre des précautions infinies, car, dit-il, ils « sont de plus » de conséquence, *au moins un*, que ceux qui sont » présentement aux îles. »

Dès lors les allures de Saint-Mars deviennent de plus en plus mystérieuses. Jusqu'ici, et depuis son départ de Pignerol, il a pu jouir de quelques moments de repos et d'une assez grande liberté. Les dépêches de Louvois et de Barbézieux contiennent la preuve d'excursions nombreuses faites par Saint-Mars dans les environs de son gouvernement. C'est ainsi qu'il se rend fréquemment à Casal, à Turin, à Aix, à Nice. Il a le droit de s'absenter deux jours par mois, et il obtient facilement la permission d'aller passer trois semaines en Savoie.

Mais à partir du jour où, sur l'ordre du roi, le sieur de Laprade remet à Saint-Mars les trois prisonniers annoncés par Barbézieux (19 mars 1694), tout change d'aspect. Saint-Mars ne quitte plus la prison. Il retrouve soudain cette vigilance méticuleuse dont il fit preuve à ses débuts. Son caractère soupçonneux se donne de nouveau largement carrière. Les mesures les plus rigoureuses sont prises par le gouverneur et approuvées par le ministre. On sent que le vieux donjon de l'île Sainte-Marguerite renferme un redoutable secret ; et c'est alors que prend naissance cette légende romanesque qui devait immortaliser le souvenir d'un homme dont on n'est pas sûr encore de connaître le nom.

Je ne m'arrêterai pas aux épisodes, si dramatiques mais nullement constatés, dont l'imagination des poètes s'est plu à embellir cette lamentable histoire. L'auteur du livre que nous analysons en a fait prompte et exacte justice ; et la critique historique ne saurait désormais tenir compte ni de la visite de Louvois aux îles Sainte-Marguerite, ni du plat d'argent jeté par la fenêtre et recueilli par un homme du peuple, à qui son ignorance sauva la vie, ni surtout de la transmission de ce secret « ayant lieu de roi en roi et non à nul autre (1). »

Ce qui paraît irréfutable, c'est que le prisonnier des îles a été jusqu'à sa mort l'objet d'une vigilance inconnue jusqu'alors. A tel point qu'on ne trouve point dans tout le royaume un homme assez sûr pour lui confier la garde d'un tel détenu. Le gouverneur des îles Sainte-Marguerite est le seul sur qui Louis XIV puisse se reposer sans crainte. C'est à lui en effet qu'on s'adresse en 1694. Et, lorsque quatre ans plus tard Saint-Mars est appelé au commandement de la Bastille, Barbézieux lui écrit le 17 juin 1698 : « Vous pouvez disposer de

---

(1) Michelet.

» toutes choses pour estre prest à partir lorsque
» je vous le manderay et amener avec vous en
» toute seureté *vostre ancien prisonnier.* » Et le
19 juillet de la même année, le ministre mande
encore à Saint-Mars : « Le roy trouve bon que
» vous passiez des isles Ste Marguerite pour venir
» à la Bastille avec *vostre ancien prisonnier,* PRE-
» NANT VOS PRÉCAUTIONS POUR EMPESCHER QU'IL NE
» SOIT VEU NY CONNEU DE PERSONNE. »

C'est alors que commence à travers la France ce voyage vraiment sans exemple, qui avait pour but la Bastille et pour étapes les principales villes du royaume depuis Marseille jusqu'à Paris. On a pu constater que Saint-Mars n'avait rien négligé pour accomplir à la lettre la terrible mission dont il était chargé. Pas une seule fois, il ne se sépare de son prisonnier. Toujours il est là, à ses côtés, l'œil au guet, les pistolets aux poings, tout prêt au moindre geste à exécuter sa consigne. Pendant les repas, l'homme masqué tourne le dos aux fenêtres ; la nuit, les deux lits sont dans la même pièce ; la victime et le bourreau doivent dormir côte à côte. Sur tout le parcours, la curiosité des paysans est vivement excitée, jamais satisfaite. Saint-Mars a tout prévu, tout disposé, tout ordonné, il n'a rien omis ; et le 18 septembre 1698, à trois heures du soir, l'homme au masque de fer est écroué à la Bastille, sans qu'aucun être humain puisse se vanter d'avoir aperçu ses traits ou deviné son nom.

III.

Ce prisonnier, quel est-il ? Est-ce bien le même homme qui a été enlevé à Turin en 1679 et conduit à Pignerol par Catinat ? Entre lui et Matthioly quel rapport peut-on vraisemblablement établir ?

C'est ici que le nœud s'embrouille, et, malgré le fil d'Ariane que M. Marius Topin croit avoir retrouvé, il est bien difficile de se guider dans cette affaire obscure. Ce que nous savons, c'est que le prisonnier amené de Pignerol aux îles de Lérins le 19 mars 1694 est bien celui qu'on a surnommé dans l'histoire *l'Homme au masque de fer*. Ce qui n'est pas douteux, c'est que ce martyr inconnu d'un gouvernement impitoyable est un *ancien prisonnier* que Saint-Mars avait déjà gardé à Pignerol, et dont il connaissait parfaitement l'histoire. Mais l'identité du *Masque de fer* et de Matthioly n'est point pour autant suffisamment constatée. En effet, depuis la lettre de Barbézieux à Laprade, le 27 décembre 1693, le nom du favori de Charles IV n'est plus une seule fois prononcé. Et depuis le 19 mars 1694, le nom de l'*Homme au masque de fer*, ce nom qui est la clef du problème, ne se trouve consigné, absolument consigné nulle part. *Votre ancien prisonnier,* telle est la manière ambiguë dont Barbézieux le désigne à Saint-Mars. (1) Toute l'argumentation de M. Topin repose donc sur ceci : Le *Masque de fer* est un ancien prisonnier que Saint-Mars avait à Pignerol ; c'est un personnage très-important. Or, à Pignerol, Saint-Mars n'avait, en fait de prisonniers de marque, que Fouquet, Lauzun et Matthioly. Fouquet est mort en 1680 ; Lauzun a été libéré en 1681 ; donc il s'agit de Matthioly. Au premier abord, ce raisonnement paraît sans réplique. Mais ne peut-on répondre à M. Topin : Êtes-vous sûr que sous le gouvernement de Saint-Mars le donjon de Pignerol n'ait reçu que ces trois prisonniers d'État ? N'y a-t-il pas une lettre de Louvois qui demande à Saint-Mars, le 12 mai 1680, le nom de chacun de ses détenus et ce « qu'on » sait des raisons pour lesquelles ils ont été ar» rêtés ? » Dès lors n'est-il pas évident que, parmi ces infortunés dont le ministre ne connaît pas même le nom ni le crime, il a pu se trouver un prisonnier dont l'importance politique a grandi avec les circonstances où se trouvait le roi de France en 1694 ? Et ce qui viendrait corroborer cette idée, c'est le récit, donné par M. Topin lui-

---

(1) 17 novembre 1697.

même à la page 262 de son livre, de deux arrestations mystérieuses opérées en 1680 près de Turin par les dragons de Louis XIV. En vain, M. Topin s'efforce de prouver deux choses : la première, c'est que Saint-Mars connaissait la faute que l'on reprochait au prisonnier des îles ; la seconde, c'est que Matthioly était le seul détenu dont on n'eût point caché à Saint-Mars le passé politique et la trahison. Le premier fait est nettement constaté, je l'accorde, car Barbézieux écrit au gouverneur des îles Sainte-Marguerite le 17 novembre 1697 : « Vous n'avez point d'autre conduite à tenir à l'es-
» gard de tous ceux qui sont confiés à vostre garde,
» que de continuer à veiller à leur seureté, *sans*
» *vous expliquer à qui que ce soit de ce qu'a fait*
» VOSTRE ANCIEN PRISONNIER. » Il est donc bien évident que Saint-Mars savait la raison pour laquelle on gardait avec tant de précaution le prisonnier amené le 19 mars 1694. Mais il n'est pas prouvé du tout qu'au donjon de Pignerol il n'ait pas su également les motifs d'arrestation de tous ses détenus, puisque, nous le répétons, le 12 mai 1680 Louvois lui demande un état nominatif des prisonniers commis à ses soins avec « ce qu'on
» sait des raisons pour lesquelles ils ont été ar-
» rêtés. » Louvois n'aurait pas fait à son subordonné une pareille demande, s'il avait su pertinemment que son subordonné était dans l'impossibilité absolue de lui répondre.

D'ailleurs, il resterait toujours à expliquer l'emploi de ce masque de velours noir, constaté par le porte-clefs Dujonca et que l'imagination populaire a transformé en un *masque de fer*. Que l'on ait cherché à cacher le nom de Matthioly, la chose en soi n'a rien d'extraordinaire ; mais que l'on ait pris soin de masquer son visage, c'est ce qui est inexplicable. Quand il fut arrêté en 1679, Matthioly avait trente-neuf ans. En 1694, quinze années avaient passé sur sa tête, quinze années d'une détention incessante, tracassière, implacable. Lors même que ce long séjour entre les quatre murs d'un cachot n'aurait pas imprimé sur son visage tous les signes d'une vieillesse prématurée, comment supposer qu'on aurait pu, après quinze ans d'absence, reconnaître les traits de ce personnage, relativement obscur et à coup sûr oublié ? Et remarquez que ce n'est pas seulement aux îles que l'on prescrit l'emploi rigoureux du masque, c'est à Paris, c'est à la Bastille, et cela jusqu'à la mort du prisonnier, c'est-à-dire jusqu'au 19 novembre 1703, époque à laquelle Matthioly avait soixante-trois ans. Il fallait donc que la figure de l'*Homme au masque de fer* fût bien caractéristique ou bien populaire pour qu'on prît tant de soin de la dissimuler à tous les regards.

Notons encore que jamais à Pignerol on n'a pris pour Matthioly les précautions méticuleuses dont on a entouré plus tard le mystérieux prisonnier des îles. On le garde avec soin, c'est vrai ; on le surveille avec rigueur, j'en tombe d'accord ; mais au moins on ne craint pas de lui donner un valet, on prononce quelquefois son nom dans les dépêches. Au contraire, quand il s'agit de l'homme des îles Sainte-Marguerite, on ne parle plus qu'à voix basse. *Vostre ancien prisonnier,* tel est le seul mot qu'on trouve dans la correspondance de Barbézieux. Le *prisonnier de Provence,* voilà comment on le désigne à la Bastille. Il semble que le nom du détenu soit effacé de la mémoire du ministre ou qu'il soit dangereux à consigner par écrit. Saint-Mars se fait lui-même le valet de son prisonnier; nul autre que lui ne pénètre dans sa cellule. Enfin, on ne recule devant rien pour supprimer tout à fait la personnalité de l'inconnu, à tel point que le médecin qui le soigne n'a pas même le droit de contempler ses traits. Le masque, le masque impénétrable est toujours là rivé sur son visage ; il n'y a que Saint-Mars qui puisse le faire tomber.

Est-ce à dire cependant que nous repoussions complètement les conclusions de M. Topin ? Loin de là. Nous estimons au contraire qu'il faut tenir grand compte de cette solution inattendue. Nous formulons des objections : voilà tout. D'ailleurs, nous l'avons dit au début de ce travail, si M. Topin n'est pas tombé juste, il a du moins fait faire à la question un pas immense. Il a péremptoirement prouvé que Matthioly n'avait jamais quitté Pignerol pour se rendre à Exiles ; il a nettement démontré que l'*Homme au masque de fer* avait été amené de Pignerol aux îles Sainte-Marguerite le 19 mars 1694. Ces deux points sont donc irrévocablement acquis à l'histoire. De plus, l'auteur a constaté un rapport très-singulier entre le nom de Matthioly (appelé aussi quelquefois *Marthioly*) et le nom de Marchialy, donné au Masque de fer sur le registre de l'église Saint-Paul. Mais ce qui laisse encore un doute très-grand dans l'esprit du lecteur, c'est l'identité de l'homme conduit aux îles en 1694 et le ministre mantouan arrêté à Turin en 1679. Là, il faut bien le dire, nous perdons un peu le fil ; nous n'avons pour nous guider que des suppositions ingénieuses, des rapprochements piquants, des renseignements probables. Et l'on sait que la critique historique ne doit pas se contenter de probabilités ni d'hypothèses. C'est pour cela que nous ne saurions tenir compte de ce mot de Louis XV à madame de Pompadour : « Je crois qu'il s'agit du ministre d'un prince italien. » Car Dutens, qui l'a rapporté dans sa *Correspondance interceptée,* n'est pas pour nous un témoin irrécusable, et M. Topin lui-même ne le cite que sous une forme dubitative.

Bornons-nous donc à admirer la sagacité profonde dont M. Marius Topin a fait preuve dans cette remarquable étude. Constatons que la solution qu'il propose est de beaucoup la mieux raisonnée et la plus probable. Essayons, si nous en avons la force, de contrôler ses recherches et de compléter ses découvertes. Car ce qui doit rester incontestablement de ce livre, si bien pensé et si bien écrit, c'est qu'on peut encore espérer de résoudre définitivement un problème qu'on avait cru jusqu'alors insoluble.

Edouard LANGERON.